La Licorne
et
le Zodiaque

Sandrine ADSO

La Licorne
et
le Zodiaque

Si l'astrologie influe sur le tempérament. Elle crée des affinités entre certains êtres. Je pense de façon soutenue que certaines planètes relient entre elles nos existences..., peut-être sous le zodiaque de la licorne.

© Sandrine ADSO, 2024
Édition : BoD · Books on Demand GmbH, In de Tarpen 42,
22848 Norderstedt (Allemagne)
Impression : Libri Plureos GmbH, Friedensallee 273,
22763 Hamburg (Allemagne)
ISBN : 978-2-3225-3516-3
Dépôt légal : Novembre 2024

Bonjour, je vous laisse le soin de découvrir le blog dans lequel se trouve l'essentiel de mon travail : https://sandrine-adso.jimdofree.com/

Introduction

Le système solaire se compose du Soleil, de poussière
D'un système planétaire
De satellites, de comètes.

L'astrologie jusqu'à présent n'a retenu que les planètes :
Soleil, Mercure, Vénus
Terre, Lune, Mars, Jupiter, Saturne, Uranus
Neptune, Pluton.

Le soleil selon la tradition
A une affinité avec le feu et maîtrise dans le signe du Lion.
Gouverne la couleur jaune, l'or, le blé, les aromates,
D'une manière générale, les plantes disparates,
Les animaux puissants, tels le lion,
L'aigle, le faucon,
Le coq, le paon.

La morphologie du Solaire est aristocratique
Imprégnée d'ampleur, d'harmonie, de clarté et de distinction.

En caractérologie, il s'apparente au passionné.
Si l'on se réfère aux écoles psychanalytiques :
Pour C. G. Jung, le Soleil est notre « Persona – société »
Notre masque social, plus ou moins brillant selon la saison.

L'astrologie d'inspiration freudienne lui accorde "le Surmoi"
Instance inconsciente qui résume tous les interdits.

Au mieux, c'est l'idéal du moi.
En négatif, ces tendances conduisent à l'égocentrisme
À la paranoïa et au narcissisme.

La Lune est en affinité avec l'élément Eau.
La lune a sa maîtrise dans le signe du Cancer.
Elle gouverne les plantes aqueuses pleines de vie
Et les animaux nocturnes, gentils, poétiques et un peu amers
Tels : lièvres, cygnes, rossignols, grenouilles, escargots.
Son métal est l'argent.

Les fonctions sociales lunaires s'approchent du monde de l'enfant,
L'aptitude à servir, procréer
Alimenter, protéger.

Mercure est en affinité avec le froid, le sec, la terre,
On pourrait presque dire l'hiver.

Il gouverne les couleurs variées, le vif-argent
Ses animaux sont le renard, l'abeille, le serpent.

Mercure est de tempérament nerveux
En caractérologie Le Senne, il correspond au sanguin.
Au regard de Freud, Jung ou aucun des deux
Il n'a pas de domaines d'attributions certains,
Mercure passe pour mythomane, fabulateur,
Joueur et tricheur.
Où il jongle avec ses propres métamorphoses.

Mercure, fait savoir ou donne à savoir, il ose
Il propage, signale les principes solaires.
Ces fonctions sont celles du Mercure identifié à l'ange Lucifer.

Vénus en affinité avec l'élément Air,
A ses maîtrises dans les signes du Taureau et de la Balance.
Diffusant selon les différentes heures, plus ou moins de chance.
Elle gouverne la couleur verte, le cuivre, la perle, le corail de mer.
Ses animaux : la brebis, la colombe, la perdrix
Ses plantes : la datte, l'olivier, le pin, la rose, le lis.

La morphologie vénusienne est harmonieuse dans l'ovale,
La proportion séduisante de façon globale.

L'expression est chaude, aimable, sensuelle
Le charme, le sens de la forme, le goût du plaisir
Sont mises en œuvre par les fonctions professionnelles
Qui éprouvent toutes le plaisir de les traduire.

Vénus est de tempérament sanguin-lymphatique
Selon Le Senne, elle est liée à la tendresse et à l'émotivité.
Selon la typologie psychanalytique
Jung évoque la fonction
Sentiment-sensation.

Elle représente l'anima, la femme physiquement aimée
Dans l'inconscient masculin,
Avec tout le charme du féminin.
L'astro-freudisme la lie au principe de plaisir
Conformément à la mythologie,
Vénus gouverne les joies et les peines de cœur réunies
Qui vont parfois jusqu'à faire mourir.

Mars avec l'élément Feu, chaud et sec en affinité
A ses maîtrises dans les signes du Scorpion et du Bélier.
Il gouverne le rouge, l'amer, le fer, la magnésie
L'âcre, le jaspe, l'hématite, le rubis.
Ses animaux sont : le cheval, le sanglier
Le loup, les serpents venimeux, l'épervier
L'autruche et l'araignée.

Mars est de tempérament bilieux.
En caractérologie Le Senne, il correspond à la combativité ;
Il porte une mâchoire forte, des sourcils broussailleux
L'œil perçant et un nez busqué.

La typologie de Jung en fait un "extraverti".
En naissance féminine, c'est l'"Animus" image de l'homme-amant.
Conformément à la mythologie,
Mars gouverne la fureur, la guerre, la violence du néant.

En affinité avec les éléments Feu et Air
Jupiter a sa maîtrise dans le signe des Poissons et du Sagittaire.
Il gouverne, l'améthyste, le bleu, le suave, l'étain
Ses animaux sont le taureau, le cerf, le daim
Le paon, l'éléphant
le faisan.

Cette signature céleste se représente
Par une morphologie corpulente,
L'expression est toute d'assurance, de contentement de soi.

Jupiter est de tempérament sanguin.
En caractérologie Le Senne, il correspond au colérique au vif émoi.
Selon Jung, il convient
À l'extraverti, la sensation ou la pensée.
En référence aux constitutions psychopathologiques,
Il est cyclothymique.

Conformément à la mythologie, Jupiter bénéfique
Est l'ami de l'équilibre, l'arbitre des dieux et des hommes, la paix,
Jupiter maléfique,
Il déborde d'orgueil et de lubricité.

Saturne, en affinité avec l'élément Terre, sec et de froid intense
Il a sa maîtrise dans les signes du Capricorne et du Verseau.
Il est de nature maléfique, pesante, dense.
Il gouverne le noir, le fétide, l'aigre, le plomb et les terres sombres
Ses animaux sont l'ours, le hibou, l'âne, le chameau,
La tortue et la souris qui se cache dans l'ombre.

Sa morphologie est anguleuse, décharnée ;
Son visage est osseux, sous un front monumental et plissé
La barbe clairsemée,
Les sourcils tristes et le nez allongé.

Saturne est selon Hippocrate de tempérament nerveux
Avec quelques retours bilieux.
En caractérologie Le Senne, il correspond au sentimental
Profondément humain et pas animal.
En référence aux constituants psychopathologiques,
Il est mélancolique, schizothymique.

Sous l'angle de la typologie jungienne,
La fonction dominante qui pérenne
Est la Pensée ou l'Intuition.

L'astro-freudisme analyse Saturne par la frustration.
Deux attitudes extrêmes arrivent au final :
L'avidité insatiable ou le détachement total.

Saturne perd sa place dans l'Olympe pour fonder
L'Âge d'or sur la terre et ses vallées.

Uranus (féminin ou masculin ou nom propre), découvert en 1781 par l'astronome Herschel
A été assimilé aux éléments d'Air et de Feu dans le Ciel.

Il est de nature imprévisible, excessive, effrontée
Comme un volcan prompt à s'éveiller.

On lui attribue de préférence l'électricité et l'électronique,
Le monde aérien et cosmique.
Socialement, il représente les technocrates, les dictateurs
Les révolutionnaires, les individualistes, les novateurs.

La morphologie uranienne est osseuse, musclée
Longiligne, rétractée.
L'expression est celle des Titans au regard froid métallisé.
Il tente d'imposer ses aveuglements et ses ambitions robotisées.

En caractérologie Le Senne, il est,
Comme le solaire, passionné
Avec plus d'intensité.

En référence à Jung, c'est un introverti qui se définit
Il brûle d'un complexe prométhéen averti,
Qui le pousse à l'exceptionnel en toutes choses.
Les normes l'indisposent.

L'astro-freudisme en fait un révolté contre le père et la mère.

C'est le type même du persécuteur-persécuté,
Néanmoins capable de créations spectaculaires.

Cette planète gouverne la transformation du pluriel en singulier.
Elle concentre, mobilise
Focalise et polarise.
On retrouve, dans ce modèle les prophétiques
Les ambitieux, les messianiques.

Il révèle l'inconnu, formule l'indicible
Sans rapport avec les facultés sensibles.

Neptune, a été assimilée à l'élément Eau avec maîtrise
Sur le signe des Poissons dont elle trouve Jupiter en assise.

Cet astre, selon les modernes est de nature fluide,
Insidieuse, envoûtante, perfide.

On lui attribue les nuages et la mer,
Il représente, socialement les mages, les visionnaires
Les gourous et les musiciens renommés.

La morphologie neptunienne est charnue, dilatée,
Le regard vague, possédé d'horizons étranges
Les yeux sont écartés.
L'étage médian, celui de l'affectivité interpelle les archanges.

Neptune est associé au tempérament sanguin lymphatique,
Mais il y a du nerveux dans sa trempe océanique.

Du côté de Jung, c'est un extraverti qui s'intériorise.
Le Senne en fait un être qui idéalise.

Neptune est romantique
L'astro-freudisme lui accorde le Ça
Qui désigne la zone subconsciente psychique,
De fermentations libidineuses et de pulsions sexuelles en-deça.

Toujours selon l'astro-psychologie, Neptune signifie l'affectivité,
Celle qui invite à l'osmose, la communion
L'identification du créé au créateur, la fusion.

Cette planète régit les transformations du multiple-universel
En dualités et confrontations de l'existence réelle.
La multiplicité neptunienne est un champ de conscience écarté
Où dominent la démocratie, l'irrationalité
Le collectivisme,
Le mysticisme,
L'inspiration océanique
Parce que ce qui est ressenti, c'est l'unique
Comme un idéal souverain
En raison du paraître et du pouvoir qui sont en lien.

Sa dualité lui permet d'introduire
Dans le vécu l'universel jusqu'à en mourir :
Il en fait son réel et le motif de ses amoures[1]
Auxquelles, il donne la dimension et le jour
À des conflits cosmiques.

En porte-à-faux avec l'universel
Il a une position oblique avec le réel
Il tente de mettre l'océan en bouteilles, se dépense en chimères
Combats perdus d'avance, entreprises extraordinaires.

---

[1]Y compris les luttes.

Il prend ses humeurs et fantasmes pour des révélations,
Réduit la mystique à l'obsession.
Le duel, par définition
Détruit ou maintient la division.

Pluton a été assimilé à la Terre et au Feu souterrain[2].
Cet astre est sans pitié, corrosif, mesquin.

Il gouverne les abîmes, l'archaïque
L'origine, l'infiniment petit, le préhistorique.

On lui attribue le noyau atomique
Et ses particules énigmatiques,
Les ressources souterraines, le charbon
Le monde occulte, ce qui est enfermé, en prison.

Il rassemble socialement aux marginaux et ceux qui cherchent un exutoire
Il gouverne, l'ésotérisme, le sexe, la mort et l'humour noir.

D'un point de vue morphologique,
Il faut s'en remettre à l'expression diabolique
Au sourire supérieur ou sarcastique.

Pluton tend à être assimilé à un tempérament nerveux
Hippocratique, bilieux.

---

[2]Bien qu'on lui accorde maîtrise tantôt sur le signe des Poissons, tantôt sur celui du Scorpion (autre signe d'eau).

En caractérologie Le Senne, il est peu identifiable.
Selon Jung, il n'est pas non plus abordable,
Si ce n'est notre double projeté dans l'inconscient
Par nos idéaux apparents.

L'astro-freudisme trouve une matière riche en Pluton
Pour en faire le dépositaire exclusif des pulsions[3].

Pluton, c'est aussi le drame, la crise de fond
Engendrant la régénérescence en amont,
Au stade supérieur.
La Bête devient la Belle, source de bonheur.

On peut comprendre le Soleil, comme un anti-Pluton
Et Pluton comme un anti-Soleil.

Ce dernier aspect, cette dernière façon
Représente l'instabilité qui veille,
Ce dernier aspect, répandu en astrologie solaire
En fait un fossoyeur de la lumière.

Toujours au titre "anti-Soleil", on lui brosse un portrait
Que n'envient ni les puissants, ni les conspirateurs de la beauté :
Laids, objectifs, repoussants
Objectifs anaux, angoissants,
Scientifiques,
Machiavéliques.

____

[3] Anales, sexuelles, sadiques, destructrices, immondes.

Les signes zodiacaux résultent de la division en douze parties
Du cercle qui sépare en deux moitiés égales la ceinture où se régit
Le passage des planètes du système solaire
Effectuant leur course apparente autour de la Terre.

Le zodiaque forme une bande de ciel circulaire
De trois cents soixante degrés entourant la Terre ;
Chacun des douze signes traditionnels
Occupe un secteur angulaire
De trente degrés dans le ciel.

Le zodiaque est un cercle entourant
Le Soleil, la Lune et les planètes en même temps.
Il est divisé en douze signes qui sont
Douze parties égales.

Chaque signe porte le même nom
Que les constellations zodiacales
Devant lesquelles le soleil passe au cours de l'année.
Ces douze signes sont répartis entre quatre éléments
Pour de nombreux signifiants
Qui fondent le monde dans son entier
Le feu, la terre
L'eau et l'air
Qui constituent de l'univers le tout et l'unité.

Bélier, 21 mars-20 avril

Mâle, ardent
Instinctif et puissant,
Le bélier symbolise la force génésique
Qui éveille l'homme et le monde dans une dimension cosmique,
Et assure la reconduction du cycle vital
Au printemps de la vie comme à celui des saisons phénoménales.

C'est pourquoi il allie la fougue et la générosité
À une obstination qui peut conduire à une oculaire infirmité[4].

C'est ainsi que l'entendent les astrologues, pour qui les Béliers[5]
Sont une représentation cosmique de la puissance animale,
Ou l'émergence, du feu primordial
À la fois rebelle et créateur
Aveugle et destructeur
Généreux et chaotique,
Et à sa façon bénéfique
Sublime et prolixe,
Qui n'est pas fixe
Et qui se diffuse dans toutes les directions.

---

[4] L'aveuglement.
[5] Ce signe franchit le soleil tous les ans, le 21 mars, jour de l'équinoxe du printemps.

Cette force ignée s'assimile au jaillissement de la vitalité
Avec ce qu'un tel processus a d'impulsion
De décharge éruptive, fulgurante et indomptable
De transport démesuré,
De souffle embrasé,
Quelquefois même redouté et redoutable.

On est en présence, selon la tradition hermétique
D'un verbe dont les sonorités sont en rouge et or,
En affinités astrales avec Mars et le Soleil cosmiques.

Un verbe agressif, encore
Qui correspond à une nature tumultueuse, convulsive.
L'astrologie essaie d'être précise :
Elle assimile un caractère humain
À chaque signe zodiacal,
Mais en précisant néanmoins
Qu'il ne suffit pas d'être né dans le mois zodiacal,
Pour à ce type de signe, ressembler
Et réunir toutes les vitalités.

Or le type Bélier appartient au Colérique[6]
De la caractérologie moderne astrologique
Avec sa vitalité incandescente
Son ardeur à vivre brûlante,
Dans le tumulte et l'intensité,
Les émotions fortes, les sensations violentes, les dangers,
Les prouesses, les chocs d'une existence suractivée.

____

[6]Émotif-actif-primaire.

Le Bélier gouverne la tête : le système nerveux central,
Le système psycho-sentimental,
Les yeux, les oreilles, les dents
Sa constitution est athlétique, le squelette charpenté,
La forte musculature ou maigreur nerveuse et musclée.
Nez d'aigle, profil tranchant
Le regard est dur et brillant.

Le tempérament est impulsif, bouillant, dynamique ;
Il se dépense sans compter,
Prend ses adversaires de front sans hésiter,
Et bouscule ses amis de façon systématique.
Il voit souvent trop grand et manque de ténacité.

Il n'est pas toujours réaliste, c'est un ambitieux.
L'échec, la solitude le rendent méconnaissable, aigre, sulfureux.

Il a pour qualités : l'enthousiasme, l'initiative, l'ardeur
Le lyrisme chevaleresque, la noblesse de cœur.

Il a pour défauts : l'inconstance, les comportements débridés
L'étroitesse, la fausse sensibilité,
La comédie, la provocation, la prodigalité.

Se situe entre l'équinoxe du printemps et le solstice d'été.
Symbole d'une grande puissance de travail, de tous les instincts
De la jouissance de tous les matins.
Et principalement de celui de conservation, de sensualité
Et d'une propension pour les plaisirs exagérés.

Ce signe est gouverné par Vénus, selon le langage astrologique ;
C'est-à-dire que cette partie du cosmique
Se trouve en parfaite et intime harmonie
Avec la nature de cette planète-ci.

Au signe du Taureau se trouve associée
La symbolique de la matière première
De la substance initiale, assimilable à l'élément Terre,
À la Terre maternelle.

Si, au Bélier, est dévolue la cinétique du feu originel
Incarnée par un animal sec, hyper-viril,
Et que la substance génésique lui est facile
Dominée par une masse crânienne projetée
Dans un bond en haut et en avant simultané.
Au Taureau se présente la statique d'une masse porteuse de vie
Caractérisée par une puissante créature aux formes plantureuses
À prédominance horizontale et ventrale.

La puissance animale,
Massivement généreuse.

À ce signe hyper-féminin s'associe
La valeur d'un sens pleinement terrestre
Dans la ligne d'une symphonie en vert pâturage.

Dans le concert zodiacal, la partition du taureau équestre
S'assimile à la gloire de Vénus[7], à une mélodie bacchante magique
Au regard d'un visage
À l'âme hellénique.

À l'esprit de pesanteur, de lourdeur
D'épaisseur, de lenteur,
De stabilité, de solidité
De densité, de fixité.

Une Vénus, toute de chair palpitante
Et de sang vermeil, pleine et vibrante
D'émanations telluriques ;
Chant de plénitude lunaire cosmique
Dans l'exaltation de la mère-nature.

---

[7]La Vénus genitrix.

Le Taureau donne une nature animale, en complexion instinctive,
Notamment en sensorialité vive :
Vivre dans cet univers qui murmure,
C'est voir, humer
Entendre, goûter, palper…
Tout simplement s'abandonner aux plaisirs
Et faire de la vie, un grand rire
Dans l'enivrement
Des enchantements.

La soif de vivre y est enracinée
Dans un tempérament généreux, à la solide vitalité.

Elle peut s'épancher aussi bien dans une vie de jouissance
Que sous le joug du travail pour laisser naissance
Aux appétits de l'avoir,
Aux désirs espérés sans retard.

Le taureau gouverne le cou, la gorge, le larynx et à sa façon
Par Vénus, les organes de reproduction.

On le reconnaît généralement à son cou épais,
À son corps trapu, lourd, courtaud et ramassé.

Le crâne est large, la mâchoire forte, le front dégagé.

Le tempérament est tour à tour triste et gai.
Gai jusqu'à l'ivresse de tous ses paysages,
Triste jusqu'à la mélancolie sauvage.

Il est calme, opiniâtre, fidèle à son immuabilité
Il respire l'amour de la vie, la santé,
L'amour du bon vin et du sexe opposé.

Il a pour qualités : le sens critique et la constance
Le sens réfractaire, la puissance et la résistance.

Il a pour défauts : l'aspect possessif, dominateur
Contradicteur, dénigreur
Coléreux, obstiné,
Routinier,
Paillard
Et roublard.

Gémeaux 21 mai-21 juin

Symbole général de la dualité
Dans la ressemblance et jusque dans l'identité.
Les Gémeaux sont l'image des oppositions intérieures et contraires
Ou extérieures et complémentaires
Qui se résolvent dans une tension créatrice.

Les Gémeaux aboutissent
À l'épanouissement de l'été.

Il est le troisième signe du zodiaque, qui naît avec le solstice d'été.

Signe principal de Mercure, c'est avant tout
Le symbole des contacts humains violents ou doux,
Des transports, des communications,
Des contingences à la recherche de solutions
De la polarité, même sexuelle.

Ce signe est représenté par l'image habituelle
De deux enfants se tenant par la main
Marchant ensemble vers demain.
Certains zodiaques représentent ce signe par un homme et une femme
Et même, comme dans le zodiaque copte par deux amants.

On pense au charnel, on oublie l'âme,
On visionne deux éphèbes[8] s'enlaçant,
Qui nous introduit dans le monde des contraires polaires :
Masculin,
Féminin,
Ténèbres-lumière,
Sujet,
Objet,
Intérieur,
Extérieur.

Dans le concert zodiacal, la partition des gémeaux
S'assimilerait plutôt
À l'égrènement de l'arpège en presto.

L'esprit intervient dans le jeu de la personnalité
Qui compose un duo avec la sensibilité.

La personnalité ne repose pas d'emblée
Sur le souffle naturel
Et la poussée libre de la vie animale.

---

[8]Ce signe est double.

Elle s'élabore, au contraire comme une réaction normale
D'un mécanisme de défense réel
Contre la suprématie de l'affectivité :
La vie sensible est tenue en respect,
Suspectée et raillée
Circonscrite à la sphère d'un moi,
Soucieux de vivre dans la libre appartenance à soi.

De là, en vient un processus de cérébralisation
Qui offre le goût de la question,
Du jeu, de l'exercice des idées,
Du commerce de l'esprit, de l'envol de la pensée.

L'être vit en somme sur un dédoublement intérieur :
Une moitié de lui sent, agit, vit,
Pendant que l'autre la regarde ainsi
À la fois acteur et spectateur.

Les Gémeaux gouvernent les membres supérieurs,
Le système respiratoire et le système nerveux.

Le natif se décrit comme un longiligne svelte, élancé
Tout le contraire de l'adipeux :
Visage, triangulaire, allongé.

Avec une grande mobilité des yeux.

Le tempérament est sanguin, nerveux
Curieux de tout, instable
Mais cependant affable.
Riche d'humour, et cérébral.

Il se dédouble, se multiplie
Est peu sûr de la vivacité de son esprit.

C'est un irrésolu, mais il sait
Défendre sa liberté.

Ses qualités font de lui un original,
D'esprit libre et ouvert, il éradique le mal.
Spirituel, inventif,
Spontané, imaginatif.

Il a aussi ses défauts : il peut être fabulateur,
Commère, imposteur,
Envieux, intrigant,
Désinvolte, troublant,
À double-tranchant.

Se situe aussitôt après le solstice d'été
Quand les jours commencent à diminuer.

Son hiéroglyphe semblable à deux spirales
Exprime le changement sur une ligne verticale
Du sens du mouvement solaire,
Qui devient descendant,
Alors que jusqu'ici il était ascendant,
Et représente de façon primaire
Les vagues de la vie,
Avec ses différentes énergies.

Signe lunaire, il signifie le retrait sur soi, la sensibilité
La timidité et la ténacité.

Avec le Cancer surgit tout un univers aquatique ;
Il se présente comme le symbole de l'eau originelle.
Des eaux-mères calmes, profondes et bénéfiques
À la source murmurante si belle,
Du lait maternel
À la sève végétale.

L'écrevisse ou le crabe qui le représente
Est un animal
Vivant sous une carapace protectrice qui le charpente.

À l'esprit des eaux, s'associe intimement
Une valeur d'interne, d'intérieur,
De deux mouvements :
Dehors et dedans.

Elle rappelle que la vie, dans son cœur
Dans ses aspects :
Germes, œufs, fœtus et bourgeons,
Sont entourés
De coquilles, écorces et matrices de telle façon
Qu'elles abritent le pouvoir de résurrection
Enfermé dans ces cuirasses.

Ce signe s'identifie à l'archétype maternel, vivace[9] :
Tout le monde des valeurs de contenu,
Tout ce qui est grand, y compris le vaste inconnu.
Ce qui enveloppe, abrite, conserve, nourrit
Protège et réchauffe ce qui est petit…
Qui aboutit au grand refuge de l'humanité
La Grande Mère.

Selon Jung[10] "il existe des figures humaines [primaires, secondaires]
Qu'on peut classer en une série d'archétypes [simplifiés],
Les principaux étant [...] l'ombre, le vieux sage, l'enfant[11],
La mère[12].

---

[9] Dégagé par Jung.
[10] Qui écrit cela en 1951.
[11] Y compris l'enfant-héros.
[12] "Mère primordiale" et "Terre mère".

Il précise ailleurs que pour autant
"La relation à la terre
Est l'une des inaliénables qualités de l'archétype de la mère[13]".

Il n'y a aucun doute la *"Terre Mère"* fait bien partie
Des archétypes Jungiens[14].

Un disciple de Jung, Erich Neumann a développé lui aussi
L'histoire d'une grande déesse qui tient
Du primitif et de l'archétypale qui viendrait
D'une hypothétique phase matriarcale de l'histoire de l'humanité.

Il reprenait ainsi à son compte et déployait
La théorie d'une telle *"Grande déesse"*
Associée à une monocratie féminine qui sans cesse
Aurait fait suite à une promiscuité primitive,
Telle que l'antiquement[15] qui en pose l'affirmative.

---

[13] Jean-Loïc Le Quellec, *Jung et les archétypes, un mythe contemporain*, Éd. Sciences humaines, 2013, 456 p.

[14] Lesquels rappelons-le correspondent, selon les propres termes du psychanalyste à ce qui est cru, toujours, partout et par tous.

[15] Johann Jakob Bachofen dans un ouvrage partiellement traduit en français en 1903 par le "Groupe français d'Études féministes" : Das Muterrecht "Le droit de la mère".

Bachofen s'appuyait essentiellement sur le droit romain
Et les mythes grecs pour démontrer
D'où vient
L'importance de la filiation matrilinéaire,
Et il supposait son antériorité sur la filiation patrilinéaire,
Ces deux stades ayant été précédés
Selon lui par une promiscuité généralisée
Gouvernée par la loi naturelle.

Au signe se trouve associée la troublante et belle
Lune, à la lumière cendrée
Symbole planétaire de ce principe matriciel,
Du psychisme in-conscientisé,
De la lueur végétative crépusculaire,
De la pulsion vitale non prisonnière
Par la raison
Qui fait l'emblème de cette saison.

Dans le concert zodiacal, la partition du cancer se fait reine,
Quand il ne s'agit pas d'un silence-fontaine
S'assimile à un murmure mélodique
De pénombre ou à un chant onirique
En clair-obscur
Qui s'étend et dure.

Et la nature du cancer procède de l'essor de la sensibilité
De l'âme enfantine auprès de la mère sacrée,
Ainsi que de la montée de l'imaginaire
Avec tout un univers
De souvenir, de rêve, de romanesque, de subjectivité
De lyrisme, de fantaisie.

Le rôle du Cancer est celui de la médiation aussi,
Du milieu, de la médiumnité.
Il marque le milieu de l'année,
Il relie le monde formel
Et l'informel.

Il est le seuil de la réincarnation,
Le passage du zénith vers le nadir : son horizon.

Les êtres marqués de ce signe jouissent d'un grand pouvoir,
Secret, propre à favoriser les renaissances et les histoires
Du futur.

Le Cancer est une forte nature.

Il gouverne l'estomac, la poitrine, les seins
Le système digestif et lymphatique, les reins.
Les formes molles et généreuses.

Le natif se représente comme un enfant
À la vision étonnée et heureuse.

Les hommes sont d'aspect à la fois lourd
Et ambivalent, souvent presque toujours.
Les femmes sont d'une grâce nonchalante.

L'expression est celle de la pudeur indolente,
De la réserve, de la timidité.
Ils ont tout à imaginer.

Le tempérament est orgueilleux sous un masque courtois
Au grand émoi,
Susceptible
Et sensible.

Il fréquente les anges et les démons
En imagination.
Il a grand souci de ses aises ou du bonheur des siens
Dans le meilleur des cas,
Il se maintient
Dans l'ouverture à l'autre et l'au-delà.

Il a pour qualités : la délicatesse, l'intimisme, la sensibilité
L'imagination, le dévouement, la diplomatie, la ténacité.

Il a pour défauts : la passivité, le caprice, le passéisme
La mollesse, le bovarysme.
Il est brouillon et confus.

Il occupe le milieu de l'été.

Ce signe est donc caractérisé

Par l'épanouissement de la nature

Sous les chauds rayons d'un Soleil vif et pur

Qui est son maître planétaire.

Cœur du zodiaque, il exprime la joie de vivre, l'ambition

L'orgueil et l'élévation.

Avec le lion, nous revenons au feu élément ;

Mais du Bélier au Lion s'élabore lentement

La métamorphose du principe qui,

De puissance animale brute enhardie

Instantanée et absolue comme l'étincelle ou l'éclair,

Se fait puissance déployée,

Pour devenir force disponible et maîtrisée

Comme la flamme irradiante dans le plein de la lumière,

Et de la chaleur.

Nous passons d'ailleurs des aurores du printemps, de cette lueur

À la magnificence des pleins midis d'été.

Le signe est représenté par la majestueuse
Créature du roi des animaux,
Emblème de la puissance valeureuse
Souveraine, de la force noble : toujours héros
Accouplé au Soleil,
Le signe et l'astre étant les merveilles
Symboles de la vie, sous les aspects
De la chaleur, de la lumière, de la clarté
De l'éclat, de la puissance
Et de l'aristocratie rayonnante.

Ainsi la partition léonine, dans sa dominance
Est semblable et présente
Sous une ode triomphale en ors cuivrés,
Flamboiement des ardeurs vitales.

À ce type zodiacal
Correspond le caractère à la plus haute puissance :
Le Passionné,
Être de volonté
Par la pression du besoin et du goût d'agir,
Cette force d'émotif-actif étant disciplinée et orientée vers un avenir
Et servant des ambitions à portée lointaine.

C'est une forte nature, qui sans peine
Est née pour faire chanter la vie à pleine voix
Et pour trouver sa suprême raison de vivre, par là,
En faisant éclater une note retentissante
Au firmament de son destin
Même dans le plus lointain des lointains.

Cette puissance peut s'exercer selon une dominante
En étalement horizontal
Et donne un type herculéen, en efficacité optimale
En vigueur concrète, en présence physique.

Mais elle peut aussi se déployer en tension
Toujours hellénique
Et se concentre vers le type Apollon,
Idéaliste, en qui les puissances lumineuses
Tendent à régner sans partage
Diffusant des lumières heureuses
Et des sourires sur les visages.

Le lion gouverne le cœur, la moelle épinière
Le dos, le système circulatoire.
C'est une présence saisonnière,
Qui ne laisse rien dériver au hasard.

Il se représente en Hercule ou Apollon,
Ils sont tels des fauves : félins et costauds face à toutes les situations.
Le style Apollon
Est racé, avec noblesse
Avec un beau port de tête, le nez aquilin, tout en finesse.

Le tempérament est fier, chaleureux,
Passionné, ambitieux.

L'Hercule dispose d'une vitalité impressionnante
Il ne recule devant rien et s'inscrit dans la situation présente.
Il vit dans le faste, l'insouciance,
Les luttes tapageuses, l'insolence.

L'Apollon est artiste, magnanime, théâtral, comédien.
Selon l'astro-psychologie, ils sont pédants pour certains.

Il a pour qualités : la certitude, la générosité
L'indépendance, la lucidité.

Il a pour défauts : l'orgueil, la lâcheté
L'arrivisme
Et l'égocentrisme,
Il se voue à la façade et au qu'en-dira-t-on.

Vierge 23 août-22 septembre

Se situant juste avant l'équinoxe d'automne, symbole de moisson,
De travail, de dextérité manuelle, de précision.

C'est le second signe de Mercure[16]
Qui correspond à l'aspect aérien par nature
Du messager des dieux.

Avec la Vierge, nous sommes au terme du cycle annuel
De l'élément Terre ;
Avant la terre froide du Capricorne à l'opposé du feu
Celle des ensemencements d'hiver ;
Après la terre nouvelle
Grasse, humide et chaude du Taureau, verdoyante
Et parfumée du printemps qui enchante.

Ici, se présente
Une terre desséchée par le soleil estival
Et épuisée de vertus nutritives dans la dimension matinale
D'une journée saisonnière où il serait midi,
Où se couche l'épi.

---

[16] Qui agit ici d'une manière plus basse, terrestre que dans le signe des Gémeaux.

Le cycle végétal,
C'est-à-dire tout ce qui n'est ni humain, ni animal
S'achève sur une terre vierge, nouvelle
Destinée à recevoir selon un cycle éternel
La semence
Quelquefois même l'abondance.

D'où la représentation du signe par une jeune fille superbe
Vierge, ailée portant épi ou gerbe.

Mercure en est la planète rectrice :
Au temps de la moisson et la matrice
Et de l'engrangement, où le résultat se pèse et se calcule
Nous sommes, en effet dans un monde qui se bouscule,
Se particularise, se sélectionne, se différencie
Se cerne, se dépouille, se réduit.

Il s'agit d'une disposition générale à retenir, à contrôler
À se maîtriser et à se discipliner ;
D'une tendance à l'économie,
À la parcimonie
À l'accumulation,
À la conservation,
À la temporisation ;

D'un caractère sérieux,
Réservé, consciencieux,
Sceptique, scrupuleux,
Méthodique, ordonné, attaché aux principes
Sobre, soucieux de sens civique et participe
À la respectabilité, travailleur
Tourné vers les durs labeurs
Visant à satisfaire avant tout un sentiment de sécurité,
Voire même de paix, sinon de tranquillité.

C'était en Égypte, le signe d'Isis
Il fait office
De la sixième place dans l'ordre zodiacal
Et son symbole semi-animal
Qui la fait participer du symbolisme du nombre six,
Et du sceau de Salomon ;
Elle symbolise la conscience
Émergeant de la confusion,
Ainsi que la naissance
De l'esprit.

La beauté de la vierge est d'un classicisme irréprochable,
Le front est en surplomb, arrondi
Très intellectuel, c'est indéniable.

Le regard est froid, pénétrant, avec des éclairs de malice
À des lèvres, fines, sèches et lisses.

Le tempérament est réservé, en retrait, observateur
Prévoyant, sagace, raisonneur.

Son esprit est discursif, professoral, analytique
Se perd facilement dans les démonstrations labyrinthiques.

Ils sont doués pour les sciences exactes ou l'artisanat.

Ils se défendent par la raison,
L'humour cinglant ou la péroraison.

Ses qualités sont : la concision, l'analyse, le réalisme
L'ordre, l'intégrité morale, le perfectionnisme
L'autocritique, l'objectivité
L'autodéfense, la moralité.

Ses défauts sont : l'hypocondrie, la sécheresse de cœur,
Un contradicteur systématique, un calculateur.

Balance 23 septembre-22 octobre

En entrant dans ce signe, le Soleil
Est au point médian de l'année astronomique.

Son passage cyclique
De l'hémisphère nord à l'hémisphère sud traduit l'éveil
De l'équilibre entre l'édifice construit
Et les forces qui en préparent la ruine et le défi
Ainsi que celui des jours et des nuits.

On le représente par une balance avec son fléau
Et ses deux plateaux.

Ce point du juste milieu autour duquel tout oscille
Témoigne du balancement-faucille
Entre le crépuscule d'un automne extérieur
Et l'aurore d'un printemps intérieur.

À ce point central, à égale distance
Duquel s'égalisent sans violence
Les deux plateaux du moteur et du frein,
De l'élan et de la retenue conjoints,
De la spontanéité et de la réflexion,
De la crainte et de l'abandon
Devant la vie, nous voyons
Surtout se neutraliser les forces contraires.

De là surgit un monde des valeurs paires :
De la moyenne, de la mesure, des demi-tons
Des teintes et des nuances à tâtons.

C'est un univers d'affinement
Que l'on voit se présenter dans la symbolique de l'élément air,
À la nature subtile et prospère.

Le milieu aérien de la Balance correspondant
À celui des Gémeaux
En ce que le lieu du cœur est au lieu de l'esprit.

Des valeurs égales viennent à propos,
Le Moi s'y pose avec un autre que lui,
À valeur égale,
Introduisant le dialogue affectif du toi et moi.

S'ouvre alors un vaste champ affectif et sentimental
Où la régie de Vénus se déploie.

Il s'agit de la Vénus aphrodite des roses automnales,
Déesse de la beauté idéale,
De la grâce de l'âme,
De la superbe amoureuse de l'homme comme de la femme.

La balance gouverne les reins.
Morphologiquement il signe par ses traits fragiles et fins.

Les plus représentatives sont toujours en accord
Avec les canons de la beauté.
Le sourire est charmeur, d'or
Doux, plaisant, bien posé.

L'expression invite à la complicité
Et à l'amabilité.

Le tempérament est pacifique, cordial
Sociable, loyal.

Il est parfois tiraillé
Entre son opportunisme et sa vive sélectivité.

Il a de nombreuses qualités : le charme, la sociabilité
La souplesse, l'équilibre, la sélectivité,
Le raffinement, le sens esthétique, l'équité.

Nombreux aussi sont ses défauts : l'opportunisme
L'hypocrisie, la duplicité, la débauche, le conformisme.

Occupe le milieu du trimestre d'automne, et le vent déjà
Arrache les feuilles jaunies ici et là
Et les arbres et les animaux se préparent
À une existence nouvelle.

Symbole à la fois de résistance, de départ[17]
De fermentation, de dureté et de duels.
Cette partie du ciel
A Mars, pour maître planétaire.

Le scorpion évoque la nature aux prémices de l'hiver
Au temps de la Toussaint, du glas de la végétation,
Du retour au chaos de la matière brute vers une saison
Où l'humus prépare la renaissance de la vie ;
Dans un espoir bien promis
Le quaternaire aquatique entre l'eau première
De la source (cancer),
Et les eaux rendues de l'Océan (Poissons)
C'est-à-dire les eaux de la stagnation et de la macération
Profondes et silencieuses.

L'animal noir qui vit caché dans les affres ténébreuses
Est pourvu d'un dard empoisonné.

Cette réunion compose un monde de valeurs , propres à évoquer
Les tourments et les drames d'une vie malheureuse
Jusqu'au gouffre du néant, de l'absurde, de la mort.

____

[17] Mourir.

Le signe est ainsi placé sous le signe de Mars, mais encore
Sous celui de Pluton, puissance inexorable des Enfers
Et des ténèbres intérieures.

Le scorpion devient chant d'amour sur champ de guerre
Ou cri de guerre en champ d'amour intérieur.

Dans un tel pays en rouge et noir,
L'individu s'enracine dans ses déboires :
Ses entraves, ses convulsions,
Il n'existe que secoué de la transe sauvage d'un démon
Jusqu'au goût âpre de l'angoisse de vivre
Entre l'appel de Dieu et la tentation de Satan.

Cette nature volcanique fait du type scorpion un oiseau ivre
Dont les ailes ne se déploient à l'aise que parmi les tempêtes,
Son climat étant celui des orages violents,
Son pays, celui de la tragédie.
Une nature forte, que rien n'arrête.

Le scorpion gouverne le sexe, l'anus et la vessie.
Ses traits sont saillants, anguleux et pas toujours jolis.
Le front est grand,
Le regard pénétrant
Dur, fixe, avec des scintillations curieuses et angulaires.
On prête au Scorpion un nez busqué, des lèvres amères.

L'expression est faustienne, elle évoque Méphisto.
Plus couramment, le Scorpion rappelle les oiseaux,
Les oiseaux de nuit,
Les animaux de fausse ou apparente tranquillité.

Le tempérament est de violence plus ou moins effacée,
Les natifs du Scorpion sont irréductibles, indécis,
Cauteleux, prompts, diaboliques
Opiniâtres, incisifs, magnétiques.

Les plus doués sont d'une sublime ténacité
Dans le profane, comme dans le sacré.
Féconds dans leurs œuvres,
Destructeurs implacables dans ce qui leur oppose un heurt.

Ses qualités : le courage, la résistance, l'intensité
L'acuité d'esprit, le sens de la noblesse, la fécondité,
L'intransigeance héroïque, la puissance dans l'authenticité.

Ses défauts : la fourberie et un caractère asocial.

Sagittaire 22 novembre-20 décembre

Dans la tradition des Upanishad, le sagittaire
Qui est l'homme tendant à s'identifier à la flèche qui part en l'air.
Se voue à l'exaltation du brahman, dont la connaissance
Attire la célébration des naissances.

Cette libération coïncide effectivement
Avec la fin des moissons et des vendanges, à l'entrée de l'hiver
Où toute vie semble s'anéantir plus ou moins partiellement.

Neuvième signe du zodiaque, il se situe avant le solstice d'hiver
Quand, les travaux des champs terminés
Les Hommes se consacrent davantage à la chasse.

Symbole du mouvement, des instincts nomades exaltés
De l'indépendance et des réflexes qui se surpassent.
Cette partie du ciel est placée sous la domination
De Jupiter ou de Pluton.

Nous sommes au terme de la trinité du feu.
Si au Bélier, la puissance ignée était viscérale
Si, au Lion volontaire, elle était consacrée à la magnificence du Je.
Cette force devient celle des décantations phénoménales
Spirituelles, des illuminations de l'esprit
Par lesquelles l'instinct et l'égo se dépassent vers l'infini,
Dans une transcendance, vers un surhumain :
Des illuminations de l'esprit qui jaillissent soudain.

Ce signe est représenté par une figure de sublimation :
Un centaure aux quatre sabots en Terre
Et qui se dresse devant le ciel, l'horizon
Un arc bandé en main et orientant sa flèche en l'air,
En direction des étoiles.

Tableau d'une créature pleine, qui campe sa vie
Dans la plus large ouverture à l'univers, sans voile.
Vers tous les infinis.

Il correspondrait au signe Jupiter, principe de cohésion
Et d'unification,
Fondant dans l'unité globale
D'une large synthèse céleste et terrestre.
L'humain, le divin et le mal,
La matière et l'esprit,
L'inconscient et le supraconscient,
Dans une figure équestre.

La séquence qui est propre au signe a donc pour fondements
Une épopée, une symphonie,
Une cathédrale, à l'itinéraire d'un élan panthéiste
D'intégration à la vie universelle.
Et qui peut être ou ne pas être déiste.

À la souche du sagittaire, on décèle
Un Moi en expansion, ou en intensité
Qui cherche ses propres limites et aspire à les dépasser.
Sous la poussée d'une sorte d'instinct
De l'envergure ou de la grandeur
Voire de la splendeur.

D'où une aspiration
À une certaine élévation ou dimension
Qu'il recherche dans un transport foncièrement humain
Lequel peut être élan de participation
D'assimilation à la vie collective,
Ou au contraire révolte stimulante vive
Contre une puissance à dominer,
Sinon simple poussée
Du moi, qui se perd en ivresse de grandeur.

Le Sagittaire gouverne les hanches, les voies respiratoires.
Il se représente avec un profil chevalin notoire.

Dans le meilleur cas, les jambes sont longues, le port est avenant,
Respirant la santé, le tempérament profondément content,
Respirant la santé, la joie de vivre, la franchise.

Le tempérament est colérique, bouillant, extraverti à guise.

Le Sagittaire modèle est communicatif, entreprenant
Et néanmoins proche de la nature et de ses vents.

Il aime les vastes horizons, les vues panoramiques,
Les ambitions cosmiques.
D'où la diversité de ses intérêts, sa culture encyclopédique.
Il est aussi homme-orchestre, se mêlant de toutes les partitions.

Doué, il honore ses ambitions.
Il ne recule devant aucun excès
La démesure est sa cible, en voyageant dans la multiplicité.

Ses qualités sont : l'audace, la générosité
L'envergure prométhéenne dans l'art d'organiser et coordonner,
Il a un idéalisme prophétique, une sorte d'universalisme.

Ses défauts font de lui un mégalomane, un nomadisme.

Capricorne 21 décembre – 12 janvier

Ce signe débute avec le solstice d'hiver
Lorsque la nature semble mourir
Et correspond à la mise spirituelle en lumière,
À l'époque où l'ingéniosité peut courir
Du fait de l'absence de labeur saisonnier.
C'est le milieu de l'hiver froid et glacé.

Symbole de la fin d'un cycle, et surtout
Du début d'un nouveau, au-dessus de tout.

C'est le signe qui inaugure le zodiaque d'extrême-Orient.
Il exprime des qualités qui génèrent des bons sentiments :
La réalisation, la patience
L'industrie, la persévérance,
Le sens du devoir, la prudence.

Sous la maîtrise de Saturne, il est placé.

Pour l'hémisphère Nord, le Capricorne symbolise la rétraction
Le dépouillement et la concentration
De l'hiver, dans sa grandeur et sa sévérité.

Sommet de froid et d'obscurité,
Heure zéro pour la graine enfouie
Au sol de la lointaine moisson-vie.

Le processus est amorcé par la terre :
L'élaboration de la lente œuvre de la végétation au sein de l'hiver.

Le signe est représenté par un animal fabuleux
Mi-bouc, mi-dauphin à la fois les deux,
Ou par une chèvre, quadrupède grimpeur
Attiré par les hauteurs.

Régi par Saturne, associé à tout ce qui est dur
Ingrat, sombre et obscur
Impitoyable dieu du temps
Qui condamne parfois au renoncement
Et au dépouillement.

La nature du capricorne, silencieuse, immobile
Porte la marque de l'univers froid, subtil.

Dans un mouvement premier, elle porte l'édification
De retrait sur soi et de concentration.

Le personnage acquiert la grisaille de la simplicité,
De l'effacement, de la sobriété ;
C'est la lente montée
Depuis le refuge de ces (ses) profondeurs,
À toutes heures
Souvent longtemps ignorées
Qui permet à l'être d'affirmer
Sa valeur en lui assurant
De soi-même, le plein gouvernement.

Cet empire sur soi est le résultat
D'un patient entraînement de la volonté,
Exercé pour maîtriser
L'instinct et la sensibilité.

Sa figure symbolique, à la fois :
Corps de bouc et queue de poisson
Est à sa façon
Marin et terrien
Révèle la nature ambivalente du capricornien,
Livré à la vie et ses deux tendances
Vers l'abîme et la montagne, et à la différence
Vers l'eau et vers les hauteurs,
Constituantes d'une certaine ampleur.

Il possède les possibilités inverses, évolutives
Et involutives
Ne trouvant un difficile équilibre
Que dans une perpétuelle tension
Entre ses attirances opposées qui vibrent.

Le Capricorne gouverne les os,
Les genoux et la peau.
Le natif se représente avec des airs tristes ou rusés.
Sec, de longue taille avec un squelette osseux ou charpenté.
Le visage est en principe long,
Le front ridé
Et le regard, sérieux, métaphysique, profond.
On note la raideur, l'attitude gauche, guindée.

Le tempérament est secret, mélancolique, tracassé et tracassier.

Il porte en lui de violentes ambitions
Et se complaît à soulever les montagnes par sa foi, son abnégation

Il peut être d'une efficacité rare dans les luttes de longue haleine
Ambitieux et actif, il abat une besogne surhumaine,
Se révèle redoutable par ses ruses, son endurance
Son aptitude à tout braver
Il défie toute concurrence
Et pour atteindre ses fins, tout supporter.

Privé de détermination précise, il sombre dans l'angoisse
Et connaît l'auto-intoxication chronique, le surplace.

Ses qualités : l'énergie, la rigueur
Un sens politique aiguisé, de la profondeur
Une élévation d'esprit, de la prévoyance
De la résistance.

Ses défauts : la monomanie, le manque de communication
La défiance pathologique, l'abandon.

Verseau 20 janvier-18 février

Ce signe se situe au milieu du trimestre d'hiver.
Il symbolise le collectif solidaire
La coopération, le détachement des choses matérielles
La fraternité. Son maître traditionnel
Est Saturne, puis Uranus qu'on lui a adjoint.
Ces deux planètes constituent son maintien.

La représentation de ce signe fait surgir la noble apparition
D'un être humain qui a répondu à beaucoup de ses questions :
Un vieillard porteur d'une ou deux amphores ;
Ces urnes inclinées répandent toujours et encore
Le flot de l'eau, dont elles sont emplies.

La liquidité de ce flot est aérienne et éthérée aussi,
Le caractère fluide de l'air y participant
Autant que la nature amollie et relâchée de l'eau, ce faisant.

Ce milieu invoqué ici est assimilable aux eaux de l'air
Répandues par les ondes où flotte la terre,
Au fluide de l'océan aérien où nous baignons.
Et primeur d'une nouvelle dimension.

Ce signe d'air à résonance aquatique témoigne
D'une substance nutritive plus destinée à désaltérer l'âme
Que le corps qui l'accompagne.
Cette substance est loin de la flamme.

L'air des Verseau pose le monde des affinités électives,
Qui font de nous des entités vives
Dans une communauté spirituelle
Et en pleine sphère universelle.

Le signe est en rapport avec Saturne, dans la mesure
Où l'astre libère l'être de ses chaînes pures
Instinctives et dégage ses forces spirituelles
Sur une voie de dépossession plus ou moins partielle.

On lui donne aussi Uranus pour maître
Qui remobilise la liberté de l'être
Dans le feu de la puissance prométhéenne,
En vue de se dépasser
Face à la force du lion herculéenne.
Le verseau séraphin apparaît.

L'étoffe intime de ce type zodiacal
Est fluide, légère, éthérée, volatile de façon principale
Et toute de limpidité spirituelle cosmique,
Pour ainsi dire angélique.

Il inclut le don de détachement de soi
Escorté de sérénité et d'altruisme à la fois,
Du sens amical,
Du dévouement social.

Un Verseau uranien
Existe aussi, et présente un caractère prométhéen,
Qui est l'être du progrès, de l'émancipation, de l'aventure
Quelquefois de la démesure.

Le Verseau gouverne les jambes, les poumons
Le système circulatoire, sa musculation.

Le regard est doux, limpide ou embrumé
Avec en général une expression de compréhension.

Après le Verseau angélique, il existe le Verseau aventurier.

L'expression est résolue, glaciale et inquiétante
Le tempérament est actif, ouvert à des expériences conquérantes.

Il porte haut le goût de la liberté.

Les doux se répandent en évangélisme charitable,
Se font les propagandistes de quelque nouvelle fraternité
Les ingénieux et scientifiques font des découvertes incroyables.

On attribue au Verseau, mille pouvoirs d'enchantement.

Ses défauts : l'artifice, le dérèglement
La versatilité, l'aventurisme
La puérilité mentale, l'illusionnisme.

Ses qualités : la sociabilité, l'intuition
La jeunesse, l'invention,
La ferveur, le pacifisme
L'altruisme.

Ses qualités : la sociabilité, l'intuition
La jeunesse, l'invention,
La ferveur, le pacifisme
L'altruisme.

Ce signe se situe juste avant l'équinoxe du printemps.
Les poissons symbolisent le monde intérieur, ténébreux
Le psychisme communiquant
Avec le diable ou le dieu.

Ce qui se traduit dans l'horoscope par une nature
Manquant de consistance pure et dure,
Très réceptive et impressionnable.

Leur maître traditionnel incontestable
Est la planète Jupiter à laquelle on a ajouté,
Neptune, du système solaire, la plus éloignée.

Le terme astrologique
Du ternaire aquatique
Peut s'assimiler aux crues hivernales
Aux eaux, finales
Dissolvantes, toutes-puissantes
D'un déluge purificateur ;
Comme à la masse mouvante
Et anonyme des océans libérateurs.

L'humide règne souverainement,
En tant que principe de diffusion, de dilution, d'enveloppement.

La tradition représente le signe par deux poissons accolés
En sens inverse et reliés
Par une sorte de cordon ombilical de gueule à gueule.

Sous ses auspices, nous participons seuls
À la marée du grand univers
Et appartenons à la communauté de la terre,
Comme la goutte d'eau, à l'océan agrégée.

Nous nous situons aussi dans le monde de l'indistinction, du noyé
Du confondu, de l'indifférencié,
Par effacement des particularismes, au profit de l'illimité,
Pour aller du zéro à l'infini.

Ce signe est soumis
À la tutelle de Jupiter comme processus d'amplification
Et sous celle de Neptune, en tant qu'archétype de dissolution
Et d'intégration universels
De la fusion finale depuis le limon originel.

La trame profonde de la nature du type Poissons
Est faite d'un extrême plasticité psychique qui lui correspond.

Dans son monde intérieur où les liens sont déliés,
Les forces de cohésion effacées
Et les formes estompées
Règne un impressionnisme qui favorise la perméabilité ;
L'inflation émotive, l'abandon
La dilatation,
Par lesquels l'être déborde de lui-même
Pour se confondre avec la conscience d'une valeur qui sème
Un dépassement, une globalité qui l'assimile
Avec en définitive, des efforts assez faciles.

Le signe des Poissons gouverne les maladies pulmonaires
Nerveuses, mais aussi les refroidissements.

Il se reconnaît à son regard vague, solitaire
Plein d'indicible et de vents.

Un regard qui ne vous voit pas mais qui voit
Votre double, votre face nocturne ou votre aura.

Le tempérament est rêveur, agité, pacifiste
Insaisissable, incertain, fantaisiste.

Les Poissons sentimentaux ont les états d'âme de la mer,
Ils oscillent de la douceur à la colère,
Sont traversés de tempêtes et d'incompréhensibles accalmies.
Ils sont finis ou infinis,
Muets ou trop bavards
Les plus doués atteignent le sublime sur le tard
En mettant de l'ordre dans le chaos,
En mettant dans le vase pour les fleurs, de l'eau.

Il a pour qualités :
L'intuition, la générosité,
L'imagination, la médiumnité,
Un esprit de sacrifice, une richesse intérieure infinie,
Un sens religieux de l'amour.

Il a pour défauts : la mythomanie,
Le masochisme, une sincérité changeante au jour le jour,
La fabulation, l'instabilité,
Une confusion des valeurs, un laxisme généralisé,
Une amoralité.

Table des matières

Introduction..7
Bélier, 21 mars-20 avril...19
Taureau 21 avril-20 mai...23
Gémeaux 21 mai-21 juin...27
Cancer 22 juin-22 juillet...31
Lion 23 juillet-22 août..37
Vierge 23 août-22 septembre..41
Balance 23 septembre-22 octobre...45
Scorpion 23 octobre-21 novembre...49
Sagittaire 22 novembre-20 décembre.......................................53
Capricorne 21 décembre – 12 janvier.......................................57
Verseau 20 janvier-18 février..61
Poisson 19 février-20 mars...65